U0605446

中华 爱国 人物故事

ZHONGHUA AIGUO RENWU GUSHI

威震中外的
抗法英雄冯子材

张昭君　张　一　李永泽　编著

吉林人民出版社

图书在版编目(CIP)数据

威震中外的抗法英雄冯子材 / 张昭君, 张一, 李永
泽编著. -- 长春:吉林人民出版社,2011.5
(中华爱国人物故事)
ISBN 978-7-206-07859-0

Ⅰ.①威… Ⅱ.①张… ②张… ③李… Ⅲ.①冯子材
(1818～1903) - 生平事迹 Ⅳ.①K825.2

中国版本图书馆CIP数据核字(2011)第075758号

威震中外的抗法英雄冯子材
WEIZHEN ZHONGWAI DE KANGFA YINGXIONG FENG ZICAI

编　　著:张昭君　张　一　李　永
责任编辑:王一莉　　　　　　　封面设计:七　洱
吉林人民出版社出版 发行(长春市人民大街7548号　邮政编码:130022)
印　　刷:鸿鹄(唐山)印务有限公司
开　　本:670mm×950mm　　　　　1/16
印　　张:8　　　　　　　字　　数:70千字
标准书号:ISBN 978-7-206-07859-0
版　　次:2011年5月第1版　　　印　　次:2021年8月第3次印刷
定　　价:35.00元

如发现印装质量问题,影响阅读,请与出版社联系调换。

总　序

胡维革

　　《中华爱国人物故事》是一套故事丛书。它汇集了我国历史上80位古圣先贤、民族英雄、志士仁人、革命领袖、先进模范人物的生动感人史迹,表现了作为中华民族优秀传统的伟大的爱国主义精神。

　　爱国主义是人们对于"生于斯、长于斯、衣食于斯"的祖国的一种神圣感情,是人们对于自己民族的一种强烈的责任感和使命感,是感召和激励整个中华民族的一面永不褪色的旗帜。在漫长的历史上,爱国主义一直激励着中华儿女为祖国的独立、统一、进步和繁荣而英勇奋斗。从伟大的思想家教育家孔子到统一全国的千古一帝秦始皇,从秉笔直书著《史记》的司马

迁到鞠躬尽瘁死而后已的诸葛亮,从伟大的浪漫主义诗人李白到精忠报国的民族英雄岳飞,从七下西洋传播友谊的郑和到抗击倭寇的民族英雄戚继光,从苟利国家生死以的林则徐到为变法流血的第一人谭嗣同,从威震敌胆的抗联将军杨靖宇到人民音乐家聂耳与冼星海,从踏遍青山人未老的李四光到万婴之母林巧稚,从县委书记的好榜样焦裕禄到情系雪域献身高原的孔繁森……都表现出了强烈的爱国主义精神。正是由于热爱祖国的人们前仆后继地奋斗,国家和民族才得以生存,历经一次次历史危急关头而能转危为安,走向兴盛和富强,从而屹立于世界民族之林。爱国主义是鼓舞中华儿女历经忧患、跨越沧桑、百折不挠、自强不息的伟大力量,它贯穿于中华民族的整个历史,并有力地凝聚着五洲四海的中国人。

　　爱国主义是一个历史的范畴,在社会发展的不同阶段、不同时期有着不同的具体内容。革命时期,需要我们为祖国的独立自主出生入死;建设时期,需要我们为祖国的繁荣富强增砖添瓦;在全国各族人民团结一心建设富强、民主、文明、和谐的社会主义现代化国家的今天,我们要争做一名新时期的爱国者。新时期的爱国者要有强烈的民族自尊心和自豪感。民族自尊心和自豪感是任何时期任何爱国者都必须具备的情感。民族自尊心能增强我们自立向上的恒心,民族自豪感能树立我们建设祖国的信心。要树立"祖国高于一切"的崇高信念,为了祖国和人民的利益不惜抛却个人的利益,甚至不惜牺牲个人的生命。要树立终身学习的理念,拓

宽自己的知识面,广泛吸收新知识新技术,完善自身的知识结构,更新学习知识的方法与理念,从思想上、知识上充分武装自己,为祖国的繁荣昌盛贡献力量。

爱国主义思想的继承和发扬,是关系到民族盛衰、国家兴亡的根本问题。一代代人爱国主义思想情操的形成,需要不断地培养。培养爱国主义的一个重要途径是向爱国主义的英雄人物和典范事迹学习。这套丛书的出版,对于人们向英雄和先进人物学习,特别是对于在中小学生中进行爱国主义教育,将可提供一些生动的教材。祝愿此书出版发行成功,为培养"四有"新人做出贡献。

于 2011 年 4 月 23 日

世界读书日

中华爱国人物故事

编 委 会

策　划：胡维革　吴铁光

　　　　林　巍　李达豪

主　编：胡维革　邢万生

副主编：贾淑文　吴兰萍

编　委：（按姓氏笔画为序）

　　　　于二辉　门雄甲

　　　　刘士琳　刘文辉

　　　　孙建军　李相梅

　　　　李艳萍　杨九屹

　　　　谷艳秋　陈亚南

　　　　隋　军　韩志国

目录
CONTENTS

目录
CONTENTS

边疆危机　老将出征

"轰——，轰——"，炮弹爆炸声似雷声滚滚，一群群身着白色军装、金发碧眼、身材高大的洋兵，手提洋枪，在炮火掩护下不断地向镇南关冲锋，镇南关阵地眼看就要失守。

"冲啊！冲啊！"一位年近七十岁的老人在此紧急时刻率先冲出了镇南关，他一手持刀，一手拿盾，敌人的子弹在他面前横飞，敌人的炮弹在他脚下爆炸，他面不改色，勇猛迅速地向敌群冲击，刀落处，血光一片。大炮在他面前变哑，敌人在他面前退缩，他俨如一个天神，吓得敌人魂飞魄散。

他，就是抗法老英雄冯子材，而这场战斗，就是鼎鼎大名的镇南关大捷。

镇南关就是今天我国广西省的友谊关，位于中国和越南边境交界处的美丽小城凭祥西南。在古时候，由于它是镇守中国南大门的一个重要关口，因此取名叫镇南关。友谊关是全国重点文物保护单位，广西壮族自治区爱国主义教育基地，为祖国南疆门户，素有中国"九大名关"之一之美誉。开始设于西汉元鼎六年，初名雍鸡关，历称界首关、大南关，简称南关，明初改名镇南关。1953年经政务院批准更名为睦南关，1965年国务院定名为友谊关。

友谊关历为兵家必争之地，关楼左连左辅山，右接金鸡山，关内关外，重峦叠嶂，地势险要，素有"南疆雄关"之称。这座祖国的南大门，几百年来，历尽沧桑。对朋友，她依然带着真诚的微笑，敞开友好的胸怀；而对那些胆敢前来冒犯的敌人，她永远是一座坚不可摧的堡垒。一百多年前，一代名将冯子材就是在这里率领爱国军民，把法国侵略者打得丢盔弃甲，一败

镇南关今已改名友谊关

陈毅元帅题写的关名

涂地，取得了震惊中外的"镇南关大捷"，这是中国近代史上抗击外来侵略者的唯一重大军事胜利，大快人心。冯子材率部用自己的血肉之躯，谱写了一曲威武雄壮、气吞山河的反侵略战争的壮丽凯歌。

　　镇南关大捷是中法战争中至关重要的一战。那是在19世纪下半期，中国不断遭受着西方帝国主义的侵略，当时远东是资本主义列强激烈争夺的重点地区之一。在这里争夺角逐的，除原来的英、法、美、俄等国外，后起的资本主义强国德国和日本也加入进来。朝鲜、越南、缅甸等中国邻邦，先后沦为殖民地，中国边疆地区的危

机日益严重。而当时的清政府又腐败无能，因此不断打败仗。

在当时侵略中国的国家中，法国也是一个，而越南较早前已经遭到法国的侵略。法国侵略越南和中国不是偶然的，这是法国资本主义发展的必然产物。法国侵略越南的历史由来已久，向上可追溯到17世纪。法王路易十六曾经根据法国阿德兰区主教百多禄的奏议，制定了变越南为法国殖民地的"法兰西东方帝国"计划，并采取了侵占越南的实际步骤。18世纪下半叶，法国一些传教士和商人来到越南，成为侵略的先锋。有些传教士假借传教为名干预越南内政，制造混乱，搬弄是非。19世

侵占越南的法军

进攻越南的法军

纪后半叶，法国加紧侵略越南。1858年以后，法国殖民军勾结西班牙组成法西联军，先后侵占越南首都顺化及嘉定、定样、边和、永隆等省。1862年6月，法国强迫越南王朝签订第一次《西贡条约》（即《柴棍条约》），要求赔款400万法郎，割让嘉定、定样、边和和昆仑岛，允许法国和西班牙的教士自由传教，开土伦等港为商埠，法国军舰和商船可在湄公河自由航行。从此，越南南方沦为法国的殖民地。

从19世纪70年代起，法国侵略者以南方为基地，又开始向越南北部进犯。1871年，有个法国军火商堵布益从北越（中国当时称之为北圻）的红河贩运军火到云南境内。他发现红河是从越南进入中国西南的捷径，便建议法国政府夺取北越各省，打通进入中国西南地区的红河航道。这正合法国扩张侵略势力的心愿。1872年10

月，堵布益率领一支侵略军强行占领河北，挑起了一场对越南北部的侵略战争。不久，法国又把一名海军大尉安邺调来，增派侵略军北援堵布益。1873年11月间，安邺已侵占了河内、海阳、宁定南定等省，扩大了地盘。19世纪70年代法国又把矛头指向北圻。他们的企图是想打开通向中国西南地区——云南的大门。

由于存在这样的目的，光绪七、八年间（1881—1882），法国军队大肆地向越南北部推进。清廷的一些大臣也看出了法国此举的用心，主张对法国一战。其中：恭亲王奕䜣、翁同龢、两江左宗棠、两广张树声、时任山西（后升两广）总督的张之洞、驻法公使曾纪泽等等提出"固守边界"的主张，认为对法国侵略越南"断无坐视之理"。

就在前方战事摩擦不断的时候，法国方面，一边积极准备扩大战事，一面要求清政府谈判。因当权派倾向让步妥协，故

恭亲王奕䜣

光绪帝像

即刻委派李鸿章为代表，先是光绪八年和法国公使在天津谈判。中方承诺撤退中越边境的清朝驻军，听任法军占领越南北部。法国茹费理政府并不满足清政府的让步，下令法军继续进攻越南北部，同时更换原驻日公使脱利古任驻华公使，光绪九年五月，在上海再次谈判。然而清政府对这一出尔反尔的举动没任何准备。

由于光绪帝的坚决不妥协，天津谈判破裂。九月间，脱利古宣布终止谈判，表示法军要将进驻越南的清朝军队赶走，中越的军事冲突升级。光绪帝的主战立场明确，对时局产生了比较重大的影响。

因光绪十年，是慈禧重新调整军机处及部院大臣和满洲贵族集团内部争夺最高权力斗争的关键时刻，为了防止战争打乱了她的计划，所以越战之初，慈禧就主张讲和。企望以牺牲黑旗军为条件，结束中法军事冲突。作为慈禧政策的执行者，李鸿章的指导思想是，"战则敌兵或更舍越而先图我"，"陈师远出，而反戈内向，顾彼失此，兵连祸结，防不胜防"。因此，才有《中法简明条款》的产生。

光绪十年七月初二，正是法国舰队攻打马尾军港的前一天，光绪得到法军在福建沿海军事挑衅的情报后，做出指示："上（光绪）意已决定主战，若不赔款即撤兵，可讲（和），否则令（向）关外（镇南关）进兵。"

由于此时，主战派占有优势，清廷于七月初六（8月26日）下诏宣布对法作战。次日发谕：

越南乃我大清封贡之国，二百余年载在典册，中外闲知。法人狡焉思逞，肆意鲸吞。……先启兵端……衅自彼开。各路统兵大臣及各该督抚，整军经武，备御有年，沿海各口如有法军兵船驶入，著即督率防军合力攻击，悉数驱除。其陆军各军友应行进兵之处，亦即著赶速前进。

大理古城内的西云书院，原为杨玉科府邸，后捐做书院。

尽管在此前，中法已经在越南开战，但这是清政府的正式下诏对法宣战，对前线的将士是莫大鼓舞。

1885年2月，法国侵略者选择当时防守比较薄弱的镇南关开始进攻。

当时，清政府派一名叫杨玉科的将军守卫在这里。杨玉科（1838—1885），清朝著名的爱国将领，字云阶，白族，兰坪营盘区沧东乡西营村人。历任先锋、守备、游击、参将、总兵等官职。同治元年（1862），参加镇压杜文秀领导的云南农民起义，因战功卓著，升至陆路提督，是清军岑毓英部的一员骁将。在中法战争中，任广东高州镇总兵升署提督的杨玉科奉命率广武军三营出镇南关抗法。他镇守谅山府属的观音桥，设伏三道，痛击法军，连战皆捷，使法军闻风丧胆。后来，清军西线主将广西巡抚潘鼎新放弃谅山，逃回镇南关内，杨玉科也退回镇南关驻守。

镇守镇南关期间，杨将军天天训练士兵，严阵以待。一天，杨将军正吃早饭，忽听士兵来报："报告杨将军，不好了，一群法国鬼子向我们镇南关压了过来！"杨将军吃了一惊，但很快又镇定下来。几天前他就听说法国兵要打镇南关了，当时不知是真是假，现在看来要动真格的了，怎么办？杨将军放下饭碗，立即到城楼观看形势，只见城下的法国兵白花花一片（法国鬼子穿的是白色衣

清代黑织锦锁纹绣莽战袍

今日友谊关

服），他们正忙于做攻城准备。

　　杨将军命令士兵打开城门，他亲自率领广大士兵冲了出去。敌人没提防，顿时乱了套，杨将军手提大刀，在敌群里砍来砍去，广大士兵也勇敢作战。但是敌人太多了，杨将军他们寡不敌众，伤亡很大。遭敌重围的情况下，杨将军仍毫不退缩，英勇杀敌，最后中炮身亡。清廷追封其为"太子少保"，谥"武愍"。

　　敌人占领了镇南关，中国西南的门户被打开了。

　　镇南关一失守，整个国家都沸腾了。老百姓焦急不安，议论纷纷，有的说："我们的国家看来要完了，这么大的国家竟被远方来的一个小国给打败了。"有的说："有一个像岳飞那样的人站出来，领我们去打仗多好啊！"

朝廷里的官员更是心急如焚，到底派谁带兵能打败法国人呢？

就在大家拿不定主意时，一张写给皇帝的折子从广东辗转几千里，由人快马加鞭，送给当时的皇帝和慈禧太后。皇上和太后看了折子，不禁心花怒放，觉得镇南关有救了。

原来是刚刚上任的两广总督张之洞给朝廷出了一个很好的主意。

张之洞（1837——1909），字孝达，号香涛、香岩，又号壹公、无竞居士，晚年自号抱冰。张之洞是继曾国藩、李鸿章后，洋务运动的领袖人物，大力倡导"中学为体，西学为用"，为中国民族重工业、轻工业及近代军事的发展作出了开创性的贡献。张之洞重视教育和治安，强调办学首重师范，拟"先办一大师范学堂，

张之洞像

以为学务全局之纲领"，并委任缪荃孙负责筹建，为近代东南大学之开端。

1884年中法战争时，张之洞由山西巡抚升任两广总督，他建议启用的将领，在这场战争中起到了关键性的作用——

张之洞的折子上写着："现在老臣保荐一个人，这个人带兵必能打退法军进攻。他，就是告老还乡的冯子材！"

不仅太后看了这个折子十分高兴，而且众大臣也感觉到国家的边关这次可以守住了，于是派人急忙去请冯子材，委托张之洞具体来办这件事。

冯子材像

冯子材是什么人物呢？他真能守住镇南关吗？

冯子材，就是前面说的那个年近七十岁的老人。

冯子材祖上世居广东省南海县沙头圩

冯子材故居

　　冯子材故居又名"冯宫堡""宫保第"，位于广西钦州市沙埠镇白水塘村，是冯子材退居时住所，也是冯子材重组萃军开赴抗法前线的总部。

（今属广州市），清朝乾隆年间，该圩遭受水灾，冯子材的祖父便迁到钦州城外沙尾村定居。嘉庆二十三年六月二十七日（1818年8月17日），冯子材在这里降生。当时的钦州，隶属广东。

　　童年的冯子材，生活过得十分艰辛。他4岁丧母，10岁丧父，与祖母、兄长相依为命，孤苦伶仃，只上了两个月的学便辍学。为了活命，小小的冯子材不得不随大人贩盐、做木工、捕鱼摸虾、护送牛帮，篱笆房被洪

冯子材故居

水冲垮后只好住进庙里，饥寒交迫，朝不保夕。父母双亡后，舅父黎氏欲收养冯子材，被冯子材拒绝，祖孙日复一日地过着凄惨的生活。冯子材15岁那年，祖母撒手人寰。求生的欲望，驱使流浪街头的冯子材操刀使剑，练就一身好武艺。借此拳脚功夫，冯子材为人放木排、做保镖，受尽辛苦。

鸦片战争后，两广地区反清运动风起云涌。道光二十八年（1848），31岁的冯子材与友人外出做生意，在灵山县境内被天地会刘八部劫持，遂与反清队伍结下冤仇。从刘八军中脱逃后，冯子材投奔团总黄汝谐，充当勇目，协助黄围剿当地农民起义军，从此正式加入清军队伍。

但是，黄汝谐贪功吞赏，冯子材绝望之余，率众改投廉州（时属广东治，今合浦县廉州镇）知府，在镇压天地会、围攻廉州的战斗中大显身手。

继之，冯子材奉调高州清剿凌十八义军，因作战勇敢，获八品顶戴，为其升迁迈出了重要的一步。咸丰皇帝登基当年（1851），轰轰烈烈的太平天国运动在广西桂平爆发。34岁的冯子材在剿灭凌十八部之后，奉令募兵500人，号称"常胜勇"，奔赴广西参与镇压太平军。冯子材有勇有谋，先后被提拔为外委把总、把总、补用千总，崭露头角。

冯子材故居

太平军从广西北上后，冯子材作为广西提督向荣的部属，一直尾随太平军至江南。途中多次参加战斗，勇猛异常，备受顶头上司张国梁器重，免补千总而升守备、都司、游击、参将、副将、总兵，一路攀升，飞黄腾达。

当了广西总兵后的一年春天，冯子材要到家乡钦州督办军务。钦州的地方文武官员知道这个消息后，真是又惊又喜，惊的是军政事务若有疏忽，会遭到总兵的责罚，弄不好还丢乌纱，削职为民；喜的是钦州出了个大人物，多少总能沾点光，或许还能得他提拔。官府上下纷纷准备迎接。

冯子材回钦州那天，钦州全城都闹腾起来，店铺门面摆得整整齐齐，家家户户张灯结彩，钦江大码头堆满了黑压压的一大片人，文武官员列队站在码头两侧，等候冯子材到来。午后不久，冯子材来到了，他走下渡船，步上码头时，官兵们热烈鼓掌欢迎，冯子材摘下花翎帽捧着徐行，以示致意。

这时，人丛中有个五十开外的老汉高声呼喊道："萃亭老弟，萃亭老弟！"冯子材循声一看，这个人正是自己少年时的患难之友黄二哥。他十分欢喜，立即停步脱口而出说："二哥，你还没死吗？"黄二哥挤出人群，走到子材面前抱住他的手说："不见老弟的面，我死也不闭眼呢。"冯子材激动地说："我派了几次人回来找你都找不

冯 子 材

（1818—1903）

近代中国十八先贤铜像是经过中山大学有关专家
反复讨论而确定，铸成后伫立于永芳堂广场两侧，冯
子材像便为其中之一。

封侯图

清·沈铨

到啊，我满以为……哈哈哈，这次见到你，真是太好了，太好了！"他说着挽起黄二哥的手走上了码头。州官上前请冯子材上轿入城。冯子材说："坐什么轿？步行！我坐上这八人大轿，就对不起父老乡亲！"说完，与州官一起步行入城。

钦州百姓看见冯子材和一个衣衫褴褛、脚拖草鞋的穷汉子这么亲密，连州官都不放在眼里，而且有轿不坐，偏偏步行，大家都交口称赞子材不忘根本，珍重友谊，富有乡情。

1860年，43岁的冯子材在江苏镇江保卫战中击退太平军的围攻，获赏提督衔，并督办镇江军务，守卫镇江。两年后，以广西提督身份继续守御镇江，阻扼太平军从天京（今江苏南京）沿长江东下上海等地。

成为统兵大员后，冯子材率部攻下了太平军占据的重镇丹阳，受到清廷的嘉奖。太平天国失败后，冯子材于1865年奉命前往广东罗定、信宜剿灭当地反清队伍。

两个月后事竣，始赴广西提督本任。

　　此后18载，冯子材在广西提督任上连连用兵，剿除各地反清武装，并3次率兵赴越南，追剿入越的反清队伍。冯子材首次赴越是在1869年，目的是追击吴亚忠率领的反清农民军。攻下吴部占领的地盘及吴战死后，于当年班师回国。途中吴部将梁天锡降而复叛，冯回师继续追剿，事平后于翌年回国。1871年，因越南边境战乱，藩属国越南无法向宗主国清朝进贡，冯子材再次奉命带兵出关，平定战乱，疏通贡道后于当年入关。1878年，冯子材旧部副将李扬才因官场失意，便以恢复越南李氏祖业为由，率军入越颠覆越南阮氏王朝的江山。冯子材第三次奉命入越讨李，次年生擒李扬才，并全歼李军之后率师回国。

　　青少年时代的辛酸生活经历给冯子材心内留下深深的烙印，他熟悉底层劳动人民所遭受的苦难，热爱自己的乡土，痛恨统治集团中赤裸裸的腐败现象，在长期的军旅生涯中，在治

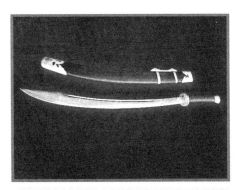

牛尾刀
清代晚期官衙的制式武器

位于钦州市第一中学内的冯子材塑像

军、对百姓和用人等方面，他一直比较正直宽厚。守镇江时，他没有效仿其他军队直接征收人民群众所痛恨的厘税。分驻丹阳时，他"亲抚难民数万，散给米钱，赀遗妇幼，宁缩饷以资赈济"。由于他所率军队纪律严明，当地人称"冯青天"，享有很高的威信。

冯子材就任广西提督期间，多次无所畏惧地弹劾地方上的贪官酷吏，伸张正义。但官场风云险恶，错综复杂的人际关系弄得冯子材晕头转向，冯子材曾弹劾吞饷私税的太平府知府徐延旭，而徐延旭因为受到上级庇护，没有受到处分，反而因此嫉恨上了冯子材，屡次排挤他，他只好告病还乡，"称疾"解甲归田，暂时结束了提督生涯，回到广东老家闲居。

这一天，冯子材吃过早饭，又和往日一样带着家丁去下地劳动，虽然有点儿病，他还是坚持着去干点儿活。

冯子材在路上边走边沉思，并跟他的家丁聊天，他说："你们知道吗？现在我们国家在西南边境又跟法国人打起来了。法国人来势汹汹，看来呀要吃败仗，朝廷里的大臣大都贪生怕死，你们说怎么办呢?"说罢，不由仰天长叹。众人也都沉默不语，他们都知道冯公能领兵打仗，但年事已高，心里一定十分着急。

这一天天气十分燥热，一丝儿风也没有，冯子材领着家丁干了会儿农活，便一起到一棵大树下乘凉，谈论着他早年的经历，谈论着前线的战事。

"冯老伯，听说您老早年还参加过天地会，真有那么回事吗?"一个小伙子边摆弄着地上的石子边问道。

"是有这么一回事，那时我也就是你这么大年纪吧。家里穷，我的父母在我还没记事时就去世了，我衣食无着，常常流落街头，有时靠讨饭为生。唉! 多亏一个叫

冯子材故居内的演武场

李七的江湖艺人收留了我，学了点儿武艺，但还是穷，有时上顿接不上下顿，没办法儿就参加了刘八的天地会。"冯子材边说边吸着烟，眉头微皱，当年的无数画面呈现在他的脑海里……

"我当年驰骋沙场杀敌立功，被朝廷任命为广西提督，与贪官污吏作斗争而又被人诬告，徐延旭这个老狐狸，打了败仗却谎报军功，圣上也糊涂，却信以为真，将他提拔为广西巡抚，我气不过，就把徐延旭如何贪生怕死，如何贪污受贿、谎报军功等事写信告诉了圣上，圣上却听信谗言，说我诬告。一气之下，我也就从广西提督职位上辞了下来。唉！倒也落个清闲。"冯子材似是自言自语又愤愤地说道。

说是清闲，大家都知道，冯子材虽然从官场上退了下来，但仍是个大忙人。天天早起练剑术、刀法，不仅自己练而且还号召年轻人也跟着练。他还不断派人到前线打听战争进展情况，朝廷的一切他也是了如指掌的。冯子材心里仍然想的是国家。

"冯公，昨天朝廷不是又任命您为什么大官了吗？您为何还待在这里干活受累呢？"那个小伙子看来对冯子材既想报国又不想当官的想法很不理解，便追问道。

"昨天确实来了圣旨让我重新上任，领兵到前线打鬼子，我巴不得这一天到来，但孤掌难鸣，只是个空衔，无兵无枪，还受那帮糊涂官的节制，这仗该怎么打呀！难道也让我和杨玉科将军一样去白白送死吗？等等看吧！无兵无权的仗是没法子打的。"

大家都沉默不语，心情都十分沉重，多么盼望朝廷

能给予冯子材以重用啊！这时，大家看见两个身着清朝官服的差官骑着高头大马远远地疾驰而来。大家不再说话了。

只见这两个差官行至树下，跳下马来问路。看见冯子材年长便上前作揖问道：

"请问老人家，您认识冯子材老将军吗？他的家住在什么地方？"看来这两个人并不认识冯子材，真是无巧不成书。

"噢！认识，认识。请问二位是从何处而来？找冯子材有何贵干？"冯子材反问道，想探一下这两个人的来历。

"我们是从广东张之洞总督那儿来的，有要事见冯将军。"

"冯将军现在病得很厉害，吐血睡在床上，不能见客。"冯子材想把他们打发走，因为他实在对这些官老爷不抱多少希望了，但又转念一想，应以大局为重，还是

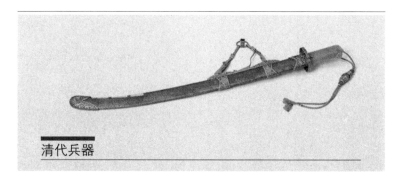
清代兵器

见见为好，说道："你们从西边那条路进村便可找到他家。"

冯子材则马上从东边抄近道返回家中，整理衣冠，出来接见客人。两位差官一看，恍然大悟，哈哈大笑地说："国家有难，朝廷启用老将军，张之洞总督派下官来迎接大人。"

冯子材当时心里十分犹豫，杀敌报国，机会难得；无兵无权，壮志难酬。他说：

"我很盼望能到前线痛痛快快地杀鬼子，保家卫国，但我现在要兵无兵，要权没权，这怎么能行呢？你们先回去吧！就说如果给我兵给我权我就一定上战场。"

两个差官没办法，只得回去向张之洞汇报。来客是被打发走了，但冯子材仍念念不忘为国出力、保卫祖国的职责，他面色沉郁，闷闷不乐，在屋内踱来踱去。

"或许不接见他们就好了。"看见夫人走进屋来，他

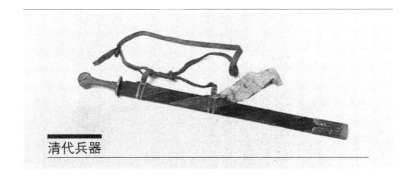

清代兵器

忧心忡忡地说。

"常言道：天下兴亡，匹夫有责。像你这样顶天立地的大丈夫怎么可以这样考虑呢？除了你，现在谁能带兵打胜仗呢？还是辛苦一次吧！"夫人好心劝慰。

"我不是苟且偷生的那种人，就是徐延旭那帮老家伙没有骨气，军队一塌糊涂，如今也只好拼了这条老命，战死在沙场上了。"

冯子材如今决心已定，只要朝廷给他军队和兵权，马上就会奔赴前线，杀敌报国。

冯子材故居内的塑像

招兵买马　积极备战

　　且说那两个差官走后没几天，张之洞又来文让冯子材督办钦州、廉州两州团练。冯子材心想：团练是地主们组织的自卫性组织，根本不可能到前线进行大的战争，所以他坚决回绝了张之洞。

　　张之洞一看冯子材没有答应他的要求，心里着急了，又来文催他说："冯将军，你先办团练，一有机会就叫你到越南去。"冯子材现在才满意了，他兴冲冲地办起钦廉团练来。

　　在成立团练那天，杀猪宰牛，仪式隆重，冯子材号召说："乡亲们，法国鬼子快打来了，不愿当亡国奴的人就来参加团练。"大家争先恐后报名，几天时间，浩浩荡荡的团练队伍形成了。大家苦练杀敌本领，时刻准备奔赴前线，报效祖国。

　　这时越南前线不断告急，清军几个提督相继被打败

了。张之洞再次上书，要求朝廷给冯子材以重兵，朝廷答应了他的要求。于是张之洞便给冯子材拍电报，让他成立萃军。

所谓萃军，是因为冯子材字萃亭，其中有这么个"萃"字，也有人干脆称之为冯军。冯军、萃军都指的是冯子材的军队。

成立军队需要钱啊，于是冯子材又给张之洞去电报说："我打算招募9 000名士兵，这需要军费白银至少300万两。"张之洞答应了他，立即派军舰将300万两白银从广州经水路运到北海，然后由陆地运到钦州供冯子材使用，并派了自己的两个部下做冯子材的帮手。

冯子材虽然有了钱，可以招募军队，但仍无职权，他对张之洞的两个部下说："现在我有兵无权，便要受别

光绪通宝

人节制，这样就可能会打败仗。只有给我实权，至少要做个帮办，这样才可能有权杀一批贪官，振奋军心。最后才可能旗开得胜，马到成功。"

这两个部下把这些话转告给了张之洞，张之洞又告诉了皇帝。不久，皇帝的命令到来，赐给冯子材龙头大刀一把，凡是三品以下的文官、二品以下的武官，他

光绪帝像

都有权先斩后奏，并且任命他为帮办广西军务，也就是说他是广西的最高军事长官。

冯子材现在有权有钱，便开始四处招兵买马，准备成立军队了。

冯子材下令树旗招兵，在四处贴告示说："国家有难，应募者速来。"并委派他的4个亲信冯绍珠、冯兆俭、梁振基、董万成成立招兵委员会，又委任18个营官

到钦州附近的久隆、大寺、小董等地招兵。

　　当时应募的人很多，都愿意跟着冯子材去当兵。因为冯子材在当时钦州一带名声大、威望高，钦州人听说他去抗法，个个喜上眉梢。年轻小伙子摩拳擦掌，认为扬眉吐气的日子到来了，决心跟着冯将军好好杀鬼子。再加上当时钦州一带年成不好，老百姓没有活路，因而他们更觉得当兵是个好差事，既可以利国利民，又为自己找了个活路。

　　不仅应募的人多，而且素质也很好。他们多是钦州

光绪通宝

一带习武出身的子弟，懂得拳术，会舞刀弄棒，都是一些好手。

冯子材对这些新入伍的士兵十分关心体贴。士兵入伍的第一天，就发给他们一个月的军饷——3两6钱银子作为安家费。并且做思想动员，鼓舞士气说："现在国家有难，大家要同心协力，杀敌立功，为国出力，将来定有前途。万丈高楼从地起，我过去也是当兵出身的。"士兵们听了十分高兴，士气得到了鼓舞。

军队虽然招募起来了，但武器却不够。冯子材想了又想，决定自己设计制造武器。他们把木头制成炮筒，里面装上火药，这便成了"大炮"。他们还发明了一种叫

"麻油瓶"的武器。这种武器一开始叫作"先锋煲（音bao）"，用布包火药，杀伤力不大，他们便改用陶器瓶做外壳，瓶内装火药，瓶嘴接引线，瓶耳系带，这便成了"麻油瓶"，携带十分方便。使用时，点燃引线，扔出去，轰隆一响，烟雾四起，对面看不见人，这样便可乘机冲过去用大刀展开肉搏。

萃军成军后，李鸿章再三阻挠冯子材出关抗法，历数他有"四不能战"之虞："一是人老体衰，力不从心，不能战；二是腹无点墨，胸无韬略，不能战；三是兵械简陋，杀伤力弱，不能战；四是新募兵嫩，训练不久，不能战。"

李鸿章像

冯子材戎马一生，他不卑不亢地向主战派两广总督张之洞及兵部尚书钦差大臣彭玉麟细数自己的四能战："人老节坚，久经沙场，能战；胸存正义，腹有良谋，能战；萃军众志成城，牛犊驱虎，能

冯子材故居内的祭旗坛,据说当年冯子材在此祭旗誓师

战;将士赤胆忠心，保土安民，能战。"

由于时间紧迫，冯子材的军队一面忙于训练，一面赶造武器，同时，由于交通不发达，还得提前向前线进军。

1884年12月初，冯子材率萃军从钦州誓师出发。行前，他祭别祖先，嘱咐家人说："万一军有不利，百粤非复我有，叿率我眷属，奉香火驰归江南祖籍，永为中国民，免奴外族也。"意思是，万一军有不利，百越就非我所有，家眷要奉香火快马奔回江南祖籍，要永远做中国人，免得受外人奴役。他还把两个儿子带在身边，准备

战死沙场时有人料理后事，而且还特意抬着一口棺材准备出征，宣誓决死拼杀之心，显示出他要和侵略者战到底的英雄气概和坚强决心，萃军上下无不感动。

冯子材的军队一路上纪律严明，秋毫无犯，深得群众拥护。冯军队伍浩浩荡荡，前后相距很长，但却井然有序，充分显示出将帅的组织才能和士兵的训练有素。沿途的百姓见了，无不翘指称赞，都夸冯将军治军有方。

部队行军打仗，严禁扰民，违者都要以军法严处。萃军行军之前，往往先派炊事班到前方地点熬粥做饭，等大军来后及时地打尖充饥。在一般情况下，冯子材不准士兵沿途买卖，以防止发生纠纷。在晚上宿营的时候，萃军都是自己搭建帐篷，禁入民房，不得骚扰沿途百姓。

冯子材还发布严厉的"四斩令"："拦路抢劫者斩，

强奸妇女者斩，偷牛偷猪者斩，拐卖人口者斩。"有这么个故事说，萃军路过一个集镇，冯子材发现当地一个粉丝店老板揪着一个萃军士兵，大声嚷嚷说当兵的吃了粉丝不给钱，引起众多的人围观。冯子材见状便上去询问，那士兵极力辩称自己没吃，冯子材便跟老板说，萃军军纪，士兵不能上街自行买吃的，这个士兵说没有吃你的粉丝，那就应该没吃。但粉丝店老板蛮横得很，非要一口咬定这个士兵强抢强拿，吃了东西不给钱，还大声讽刺萃军不过徒有虚名，周围的闲汉们听后乘机起哄，指责冯子材包庇部下。

　　那个士兵又急又气，拔出佩刀，大声说："不许你们诬蔑冯大人，我没有吃粉丝，我现在就剖开肚子给你们看！"说完，那个士兵真的剖腹自尽。后来一检查，果然

没有粉丝。真相大白后，冯子材大怒，下令将这粉丝店的奸商斩首示众。由此，萃军之纪律严明广为流传。

这时清政府也在凭祥设立招兵站。母亲送儿、妻子送夫到站报名参军。在没有招兵站的地方，青壮年也三五成群相约投军。当时参军的人数难以具体统计，但从军队扩充的情况可以看出，萃军在钦州出发时只有十个营，但到了镇南关已经募足了十八个营。其他各军在关外已经溃散，但回到关后，不过半个月就能重整军威，补足人数。

冯子材的军队开到边关时，据说有一个管带（相当于今天营长），带兵住在大弯岭上。有一天晚上，伸手不见五指，风大雨急，又湿又冷。士兵们抱怨不已，于是管带体贴士情，为兵着想，带兵进附近的村子住了一宿。

清代镇南关外侧

当年龙州的法国领事馆

当时的老百姓都怕官兵，整个村子的人都跑光了。冯子材听说后，便让人把管带叫来，对他说："你是个好官，爱兵如子，但却犯了军令，不重罚你，就不能维持军纪，安定民心。"冯子材所谓的"军令"，是在队伍开拔之前，就明确宣布——不准骚扰百姓，要宿营于村外。那个管带虽出于对士兵的爱护，冯子材却仍然把他杀了，冯子材忍痛割爱，杀了一员好管带，他是为了严明军纪，打个大胜仗啊。

冯子材的军队纪律是十分严明的，当时的一张安民告示，这样说：

"各路大军，露营住宿，禁入民村，禁住民房。全体官兵，严禁夜出。白天入街，须持手令。如违令者，军法不赦，一律严处，斩首示众。"严明的军纪，是作战胜利的保障。更重要的是，大敌当前，它安定了军心、民

心，使全军上下、边关百姓，增强了作战必胜的信心和勇气。

冯子材不仅善于鼓舞士气、稳定军心，而且特别重视团结各军，团结老百姓。当时，前方军队很多，带兵的将官们职位都与冯子材差不多或比他稍高一些，该怎样进行互相团结、共同战斗呢？

冯子材见到当时各军各自为战，内部不和的情形，就召集各军将领开会。会上，冯子材异常严肃地说："过去，我们心怀各异，已经使事情坏到这样的地步。法国人已经占领了我们的镇南关。大家要以国事为重，同心协力。国事就是家事，法兵不退，无国就是无家，我们只有团结起来，才能够打败法国人，捍卫大清的尊严。"

清代镇南关

大家看到冯子材诚恳认真的态度，句句在理，很受感动，决心同心协力齐杀敌。在这次会上，公推冯子材为前线总指挥。

冯子材的军队刚开到龙州不久时，广西提督苏元春从关外败回龙州。苏元春（1844—1908），字子熙，广西蒙山人。1844年2月8日生于蒙山镇城北街，

现代人绘制的苏元春像

1908年病逝于乌鲁木齐市，终年64岁。团练出身，1863年，他19岁时，随胞兄苏元章投湘军统领席宝田部。1867年，席宝田告休，因打仗忠勇，苏元春接统中军。1869年升任总兵。1884年中法战争时，由广西巡抚潘鼎新推荐，苏元春任广西提督。

冯子材正色问苏元春："子熙（苏元春的字），领兵大臣私自败进关来，你向朝廷奏报了吗？"苏元春内心惭愧，半膝下跪行礼说："请老前辈见谅。"过了一天，苏元春持门生帖来拜，冯子材说："你是当今提督大臣，哪

里敢当。只希望咱们二人能齐心合力，杀敌报国，我心里也就十分满意了。"苏元春见冯子材不计小过，以大局为重，对他心悦诚服。

将领们之间逐渐取得了和谐，士兵们对冯子材也更加爱戴。

当时，在前线作战的有湘军、淮军、粤军，各军将领互不服气，互相倾轧，指挥不统一，没有使各军团结起来，形成强大的抗法合力。镇南关被攻破时，他们纷纷撤退，后撤时各求自保，既互不支援，更不服调遣，且逃兵为祸，难民受灾；百姓老幼沿江逃难流离失所，

清代锦甲胄

不少人饿死病死，惨象环生，朝野震动。冯子材认识到，各自为政、互相牵制的各系军队，无法同法军作战。于是，冯子材召开各军将领会议，要求各军团结一致，共同对敌。他沉痛地说：过去，我们大家老闹意见，已经使事情坏到了这样的地步。现在，法国人已经毁了镇南关，大敌当前，大家应以国事为重，国事便是

冯子材在中法战争中使用过的宝剑

家事，法军不灭，国不安宁，家也不安宁，大家要同心努力，保家卫国。各军将领听了这番话，纷纷表示愿意听从指挥，奔赴前线。

传说冯子材虽然年老却仍然身强力壮，被人称为"大力将军"和"大刀将军"。

这些外号据说是有来由的：有一年他转战云南大理，忽然见到远处的山间丛林里似乎有敌人埋伏，有一个敌人甚至露出半截身子，极为张狂。冯子材弯弓搭箭，"嗖"地一箭射中"敌将"。士兵们立即冲上前。仔细一看，原来那些"伏兵"都是石林。再看射出的那支箭，

竟然入石三分！从那时起，"大力将军"便声名远播了。

而"大刀将军"之称，就因为他用大刀来对付法军侵略者的洋枪洋炮。他听从意见，专门成立了一支大刀队，用大刀和敌人短兵相接，避开了敌人善于远距离战斗的长处。战斗中，冯子材经常率领大刀队无比勇猛地杀入敌阵，直杀得敌人鬼哭狼嚎。

当时的中越边境一带，打了败仗而逃回来的散兵很多，当听说冯子材出来领兵，很多人纷纷要求重新参军，冯子材见他们有杀敌的斗志和决心，欢迎他们参军。但是军队名额有限，不能全收，冯子材就制定了一项奖励政策：谁杀死一个法国侵略军，就让谁当兵，并赏给银子50两；杀死两个侵略军的可以当什长。那些散兵游勇，为重新当兵，都想杀法国侵略军，一时间散兵游勇、

今日友谊关

草莽英雄都想办法杀鬼子兵。白天两三个人结伙去偷袭，晚上去摸哨兵，搞得敌人心惊肉跳，惶惶不可终日，胆战心惊，不敢单独行动。冯子材的军队一天天壮大起来，声威日壮。

现在的清军，可以说上下一条心，精诚团结，斗志高昂。

看到清军的高昂斗志，法国兵也是心有余悸的。占领了镇南关的敌人，看到冯子材大兵到来，慑于中国军民的强大声势，害怕寡不敌众，又担心给养困难，战线过长，便炸毁了镇南关城墙及附近的清军防御工事，退回越南境内的文渊（今同登）、谅山。临走前，法军在关前废墟上竖起一块木牌，狂妄地宣称"尊重条约较以边境门关保护国家更安全，广西的门户已不再存在了"。

面对法军的嚣张气焰，饱受蹂躏的镇南关周围的中国百姓，义愤填膺，纷纷与侵略者展开了各种形式的斗争，他们针锋相对地也在关前立柱，上书："我们将用法国鬼子的头颅，重建中国的门户。"侵略军头子尼格里看见后，气得吹胡子瞪眼，忙令人将柱子毁掉。但是，中国人民奋勇抗敌的志气和决心是永远毁不掉的，等待着侵略者的，将是中国人民反抗外来侵略的正义铁拳！

排兵布阵　严军以待

1884年大年三十的晚上，镇南关北城门大开，挂着彩灯彩旗，老百姓家里也张灯结彩，喜气洋洋，洋溢着节日的气氛。

大敌当前，老百姓为啥这么高兴呢？

原来，今天晚上大家盼望已久的大将军冯子材要亲自带兵入关，进驻镇南关了，百姓认为只要冯子材在，法国鬼子就别想在中国逞强。这不，冯子材一出兵，鬼子就吓跑了嘛！

掌灯时，冯子材的队伍在夜色茫茫中开进了城中。老百姓夹道欢迎，都想看一看冯子材这位大名鼎鼎的人物。

冯子材过来了。只见他身穿马褂，头包黑色绉纱，后飘两条丝带，脚穿黑色短靴，身材精瘦，但显得精明强干，威风凛凛。他骑着一匹枣红马走在前头，后面是几十名亲兵。

老百姓看着都肃然起敬，70岁的老人上战场又能打胜仗，了不起啊！

再看冯子材的军队，士兵一个个精神抖擞，昂首挺胸，阔步向前，信心十足。人虽然很多，但排列整齐，没有人说话，两人一排，井然有序。真是兵猛将勇啊，同以前的败阵之兵大不相同。

冯子材的部队进驻镇南关后，冯子材并没有因敌人撤走而沾沾自喜，也没有因进驻镇南关而大张旗鼓地进行庆祝。冯子材想：现在是最关键的时候，敌人撤退的目的是更大规模的进攻；广大士兵也千万不要放松警惕，要积极准备打退敌人的进攻。

就在进城的当天晚上，冯子材安顿好士兵让他们休息以后，就马上召开了前

冯子材在镇南关大捷中的素服佩剑图

线各军将领紧急会议。

在会议上，冯子材说："大家可以看到，当地的父老乡亲对我们夹道欢迎，对我们寄予了很大希望，我们不要辜负了他们的一片赤诚厚望之心。"大家点头称是。

冯子材继续说："现在，我们占了关，一部分士兵滋长了骄傲轻敌的情绪，我想在座的各位之中肯定也有人以为会万事大吉的。这种思想是要不得的，敌人会白白地把到手的肥肉让出去吗？不会，他们的目的很明显，他们妄图等待援兵，积聚力量，一举消灭我们。"有的将领听了冯子材的讲话附和称是；有的将领因为原来有骄傲情绪现在变得脸红了，低下了头。但大家都感到了情况的严重性。

"今天召集大家的主要目的，是让大家谈谈自己的打算，我们的仗到底怎样打才能取胜？请畅所欲言吧！"冯子材号召说。

冯子材的部下及各级将领各抒己见，献计献策，会

清代兵器

场气氛很是活跃。

"我们的武器差，主要是大刀长矛，还不很凑手，而敌人的洋枪洋炮很厉害，我们应避敌之长，攻敌之短。"一个将领说道。

"对！我们应以己之长，攻敌之短。可怎么个具体办法才行呢？"另一个将领进一步问道。

"有了"，一个年轻将领好像得到了宝贝，兴高采烈地说："敌人的洋枪洋炮，只能远距离作战，而我们的大刀长矛，则只能近距离作战。以己之长，攻敌之短，我们就要靠近他们，展开肉搏，我们又大都会武功，肯定能打胜仗。"说完，拔出腰刀，他做了个砍鬼子姿势，大家都笑了。

献计出谋的人很多。有的说我们要以逸待劳，打敌人的埋伏，来个瓮中捉鳖。有的说，趁晚上夜深人静，来个突然袭击也不是不可以。

冯子材认真听取了大家的意见，最后总结说："我们

清代兵器

武器差，敌人的炮火厉害，打硬仗就像用鸡蛋碰石头，拿肉体做炮灰。我们要巧胜敌人，以奇取胜。近距离肉搏战，埋伏战，奇袭战等等都是很好的办法。大家好好准备吧。"

会议开到三更天才散。大家走了以后，冯子材忽然想起一个人——蒙大。

蒙大是个什么人物？

蒙大，原名叫蒙思士，是当时地方上很有名气的一个谋士，居住在镇南关附近的蒙家屯，他身高八尺以上，膀宽腰圆双臂强力，力敌千钧，能旋风般挥舞百斤重的大砍刀，勇毅过人，又熟知周边天时地利，对于用兵作战很有一套，人称"赛诸葛"。由于家里穷，蒙大被那些富贵的官老爷看不起，一直没有人启用他，他只好窝在家里种田。而这时，他就是冯子材再好不过的向导和杀敌助手！

冯子材一到镇南关就听说了这个人物，决心亲自去拜访他，请他出山帮助抗法。

吃过了"年饭"以后，冯子材对坐在身边的儿子说："现在外边爆竹声声，新年马上就要到了。我们父子俩出去逛逛，顺便拜访一个人。"

"您老人家已经几日没有好好休息一下了，现在天这么晚了，您还是休息吧！您要拜访什么人，我替您走一

镇南关大捷中使用过的火炮

趟吧!"儿子看到年老的父亲整日忙于军务,很为他的身体担忧。

"不!"冯子材果断地说:"今天要拜访的这个人,是个人才,打法国鬼子用得着。当年刘备尚能三顾茅庐,造访诸葛亮。今天我们为了打败法国鬼子,走一趟又算得了什么?"

冯子材和他儿子带着几个亲兵,骑上战马,不一会儿便来到了蒙大住的蒙家村。

在一家普通的农家茅舍里,冯子材见到了蒙大。

蒙大40岁开外年纪,满脸络腮胡须,红脸膛,一双大眼睛闪着智慧的光芒,衣着朴素整洁,给人超然入圣的感觉,令人一看便知绝非等闲之辈。

冯子材没经人介绍,便上前行礼说:"下官冯子材,新至边关,不熟地形,不懂兵法,特来拜见大英雄。"冯

清代镇南关内侧

当年位于龙州的苏元春的提督衙门

子材说话客气委婉。

蒙大早就听说边关新来了个英明将军冯子材，治兵打仗很有一套。没想到这样一位大名鼎鼎的人物初至镇南关就登门拜访，他很受感动，马上还礼说道：

"大将军亲自登门拜访，实是小人三生荣幸。"

"无事不登三宝殿！今有要事想求大英雄。"冯子材开门见山，快人快语。

"这是说哪里话！有事你就直说吧！只要我能办到，就一定尽自己的微薄之力。"蒙大看到冯子材是一位慧眼识真人的好官，很乐意地说道。

冯子材便将他初至镇南关不熟地形、敌强我弱等情

况做了简要介绍，然后说道："下官素闻英雄足智多谋，想请您不吝赐教，指点作战方法。如果不嫌弃下官，最好能同我共赴战场，杀敌报国。"

蒙大在屋内转了一圈，思索了一会儿，说道："法国鬼子的快枪、花炮能制远，抓肉摊（即肉搏）他们可就比不上我们的大刀了。只有利用我们的长处，才有胜利的可能，所以我们要引法国兵来，跟他们抓肉摊。"

正是英雄所见略同，冯子材听了更加佩服，又问："怎样才能引来法国兵，同法国兵进行肉搏呢？"

"这一点我已想过了"，蒙大继续说，"关山如大鱼张口，有进路，无出路。法军孤军深入，不熟地形，我们就占这个地利，想方设法把法军引进关山，和他展开肉

搏。那时我们准能胜利。同时，我们应该动员老百姓，都去参战，大打一场，兵法云：'大打大胜，小打小胜。'我们定能大获全胜。"

冯子材和蒙大谈得十分相投，天快亮了，冯子材才恋恋不舍离去。蒙大爽快地答应了冯子材第二天准时去镇南关帮助抗法。

冯子材回到镇南关以后，立即着手做战争准备。

为了展开肉搏战，冯子材命令士兵日夜赶造了几千把青锋刀。同时派人回钦州运来了一批大刀。恐怕不够用，又传令龙州道台再造五千把。

冯子材的军营里锻造钢刀声叮叮当当，练习肉搏的士兵手中大刀刀光闪闪，好一派生龙活虎景象。

清代镇南关内的民居

　　为了引敌入关，冯子材开始认真选择决战的地理位置。

　　由于镇南关城墙和防御工事都已被法军破坏，冯子材亲自和蒙大到周围勘察地形，有的地方荆棘丛生，不能骑马，他就下马步行，这位年近七十岁的老人走遍了周围的每一个山头。

　　最后，镇南关大战的决战地点终于选好了，定在关前隘。关前隘地势险要，地形复杂，周围全是高山和盆地，是近距离作战的好场所。它距镇南关4公里，北离凭祥市15公里，接济指挥调动都十分方便。

　　隘口西面一座高山叫凤尾山，向南延伸数里逐渐降低，最低处接近平地，叫龙门关，是斜出越南的偏道。在这里驻兵，易守难攻。

　　东面一脉高山是大、小青山。大青山和小青山如一

当年的战场——关前隘

清代的镇南关与关墙

对孪生兄弟并肩而行，山脉蜿蜒伸向远处。大青山最高，峰顶常有云雾缭绕，使人难以探清虚实，正适合隐蔽和迷惑敌人。小青山有 5 个相连的山峰，互为掎角之势，可以联合作战。大青山和小青山之间是一条狭长的盆谷，谷底一条崎岖关道，路旁藤树丛生，八角树长满了整个山谷，是打埋伏的理想场所。

小青山和凤尾山从东西两侧各伸下一条横冈，横截山谷，互相衔接，形成一个山隘，地势略高，也就是上面说的隘口。

隘口南面三四里有几座小石山，石山背后是伏波岭，好像一堵城墙横断着山谷。

这真是天赐的决战之地，只要诱敌深入，便可以瓮中捉鳖，使敌人插翅难逃。

为了稳操胜券，少牺牲士兵，冯子材又在隘口修筑了一条长墙，东面从青山山脚起，西面到凤尾山上，共有3里多长。这堵墙是用草皮泥堆砌成的，高7尺，厚1丈，相距不远开个缺口，装上闸门，这就叫作"拦冈闸"。

在墙外还挖了几千个梅花坑，盖上草皮泥和尘土、树枝等做掩护，坑内埋有石灰、荆棘等，敌人一旦踏上去，便落入坑中，爬不出来，这样就可活捉了。说白了，

广西壮族自治区重点文物保护单位

睦南关

广西壮族自治区人民政府
一九六三年二月二十六日公布
凭祥市人民政府立

镇南关1953年更名睦南关，1965年1月，国务院批准睦南关改名为友谊关。

清代镇南关城楼

梅花坑，就是今天咱们说的陷阱。

地形选好了，冯子材下面开始布置作战任务，进行具体分工。

兵力部署上，冯子材将各军分为左中右三军，互为犄角，相互策应。冯子材和两个儿子亲率所部十八营萃军作为中军，扼守关前隘的长墙和两面高山险要，担任最艰苦的正面防御；王德榜所部的十营定边军，驻在镇南关东南十五里外的油隘，作为左路军，准备抄袭来犯敌人后路，切断敌人的补给线。魏纲所部的鄂军八营驻镇南关西面的平面关，控制由芫萏（七溪）至龙州的水道，为右路军。

苏元春像

王孝祺部的八营勤军列于萃军后半里处，作为正面防御的第二梯队；苏元春及陈嘉所部的桂军十八营屯于关前隘后五里的幕府村，作为总预备队；蒋字汉所部的十营广武军、方友升所部的四营抚标亲兵屯于凭祥，作为第三梯队，防止敌人暗袭；潘鼎新所率的淮军五营屯于海村，以镇后路。

另外，冯子材还在长墙主阵地后面半里、四里及纵深地区，都配置了多重预备梯队，进可攻，退可守，蒙家村由蒙大带领敢死队持大刀埋伏于坑内待命。加上驻龙州、新街等处的部队，东线清军的总兵力约达八十多营，共五万多人，前线部队兵力约两万人，在数量上占据了绝对优势。

苏元春的毅新军二十四营及其部下马盛治的熙字营守后路幕府，是待援部队和接济力量。

各路军领兵开始分头行动，冯子材已撒下天罗地网，待机歼灭入侵之敌。

机会终于来了——

初战告捷　人心大快

法国兵大多是天主教徒，星期天休息做礼拜，向上帝祷告。冯子材认为这是天赐良机，不可失去。他下令全体官兵做好战斗准备，拂晓发动总攻击。

一天晚上，冯军就借着夜色的掩护，悄悄地摸到法国侵略者军营周围埋伏下来。

周围一片寂静，偶尔传来一两声猫头鹰的叫声，忙碌了一周的法国兵正在梦中逍遥。

拂晓之前，冯子材估计到敌人睡熟了，哨兵也开始放松警惕了，一声令下："冲啊！"冯军如饿虎扑食，横冲直撞，杀进法军营中。

有的法国兵还没有从梦中清醒过来，便成了刀下之鬼；有的光着身体，拼命想逃，被士兵击倒；有的哭爹喊娘，举手求饶……

这一仗打得天昏地暗，血肉横飞。冯军不仅杀死了

许多敌人，而且缴获了许多大炮、长枪。冯军奇袭后迅速退回了镇南关。奇袭战鼓舞了士兵的勇气。

且说法国人吃了冯子材军队的闷头棍以后，心中恼火，一直想存心报复，他们也想模仿冯军的战斗方法，来个偷袭。

这帮愚蠢的法国兵以为冯子材军队获胜后当天晚上会庆祝一番，大吃大喝，放松警惕。他们集合了残兵败将，傍晚时分开进了镇南关，来势汹汹。

这时冯子材、苏元春和王孝祺等五十多个营军队已驻扎在镇南关各个关隘，设立了大本营。法军素闻冯子材防备精当，不敢正面进攻，于是从侧翼偷袭。

清代红衣大炮

苏元春进口了130门19世纪最先进的大炮——德国克虏伯制造的120毫米口径的大开花巨炮,可以轰击从各个方向来犯的敌人。

但冯子材的密探已探得这个消息。冯子材任命苏元春率领一支军队狙击敌人,同时派一支萃军直袭法军的据点——扣波。

从侧翼偷袭的法军,一进入伏击圈,便受到了打击,大刀长矛夹杂着枪炮,向法国鬼子劈头盖脸而来,打得法国鬼子晕头转向,不辨东西,等明白是中了埋伏,已损失过半。他们已无心恋战,落荒而逃。

当这支狼狈不堪的军队败退到扣波时,遭到袭击完扣波的那支萃军的又一次迎头痛击。这群丧家犬处处挨

镇南关的中国官员

打，只得放弃扣波，退回到文渊城，法军再次尝到了冯子材的厉害。

法军虽然连连挨打，但侵略者贪婪的本性没有改变，他们是不会善罢甘休的。文渊城派出一批大军，浩浩荡荡，耀武扬威，到镇南关前扎下了营盘，伺机反扑。

这可气坏了冯子材的军队。一天清晨，天刚蒙蒙亮，法军正集队出操，哨子吹得震天响，气势不可一世。萃军的一个哨这时已摸到了法军营地的外围，他们是奉命去摸营的。这里顺便说一下，哨是萃军的编制单位，有一千多人。他们乘法军出操之际，向法军开了一通枪，趁敌人乱成了一锅粥，又大砍大杀一通，乘着混乱，悄悄撤去。来无踪，去无影，这可恨坏了法国兵。法国鬼子几十个人白白送了命。

这一天中午，法军倾巢出动，发动了镇南关大战前的第一次强烈攻势。

大约有三千名士兵，分成三路，向冯子材所在的中路冲杀过来。由于他们不明虚实，一部分人还没靠近拦冈闸时就掉进了梅花坑，眼睛被石灰迷住了，烧得通红；有的脚被棘针刺穿，痛得嗷嗷直叫。气势汹汹的劲头一下子去了大半。

剩下的那部分人探头探脑，极为小心地向前移动，生怕也栽进了梅花坑，他们全都让梅花坑吓住了。

当离长墙不远时，冯子材一声令下："打开闸门，杀鬼子啊！"

"杀啊！"响声似雷，冯军像洪水一样冲出了闸门，青锋刀，银光闪闪。

法军哪见过这样不怕死的兵，"突突"放了几个冷枪，看没有吓住冯子材的军队，转身就跑。

清末军乐队

友谊关南北各有一个炮台,南边的炮台地势低,从友谊关二楼再上137级台阶就可以到了。

冯子材命令他的军队不要追赶,赶快收拾一下梅花坑。

一部分士兵杀得正在兴起,见冯子材要求停止追击,心里十分不高兴,但看到冯子材沉着个脸,又不敢说什么。

冯子材也明白大家心里窝着火,但他有一种预感,一场暴风骤雨式的大决战马上要降临在镇南关,敌人的挑逗背后一定有一场阴谋,或许敌人的大批增援部队到来了,必须整理好战场,以逸待劳。

果不出所料,傍晚时分,站在大青山顶上的哨兵来报:

"报告冯将军,大青山南面村庄出现了无数白点,估计可能是法军增援部队到来了。"

"报告冯将军,凤尾山西南边的村庄也已出现法国鬼

子，看来人数不少。"凤尾山士兵来报。

不一会儿，密探来报："大将军，法国兵已在附近各村安营扎寨，人数有五六千人，配有大批大炮，看来形势严峻。"

冯子材紧皱眉头，一边听着士兵的汇报，一边思考着对策。忽然，他一拍桌子，说道："来得正好，我正想找他们算账，定让他们有来无回！"

一场大决战马上就要开始。

从友谊关远眺金鸡山脉

高奏凯歌　镇南大捷

这是1885年3月23日，农历正月初八，中法战争中最为激烈的镇南关大战开始了。

这一天天还没有亮，镇南关附近各村的狗吠成一片，偶尔夹杂着几声枪响。不一会儿，田野里出现了白色影子晃动，看来敌人开始行动了。

冯子材一夜没有合眼，在冷静地思考着战争对策。看到敌人出动了，他命令士兵做好准备，要诱敌深入，不要擅自出击。

黎明过后，一切都看得清清楚楚。法国军队如群蚁搬家，密密麻麻，带着枪，拖着炮，分三路向镇南关扑来。

敌人左右两路沿着高山走，中路从关道向前挺进，指向隘口冯子材的长墙阵地。

这一天敌人的主要兵力集中在小青山，他们妄图夺取一个山头做根据地。敌人以新式的开花火炮为掩护，火力很猛。由于道路不平，他们用三匹马拉一门大炮。大炮一直向山上轰个不停。

当时萃军守在小青山最高的几个山头上，见到敌人纷纷往上爬，守军居高临下，十分沉着，看到哪个地方敌人多，就往哪个地方开炮。敌人没处躲，被打死了许多。

当然，敌人的炮弹也不断在萃军阵地上爆炸，但由于有战壕掩护，所以伤亡不是很大。

敌人每前进一步都要付出很大伤亡，到黄昏时，由于萃军接济不上，再加上敌人武器装备好，敌人夺去了三个山头。

这一天，冯子材虽然没有在小青山亲自参加作战，但却在另一个重要关口——隘口，指挥三军，密切地起着配合作用。

冯子材脚穿草

今日的小青山古寨

镇南关布防图

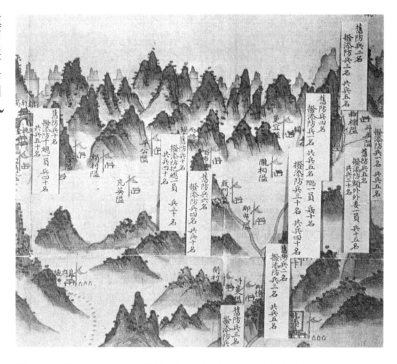

鞋，头戴雨笠，双手按着一把宝剑，剑尖插在地上，不断地听着小青山方面的汇报，不断地作出新的计划，下达新的命令。

一群老百姓慌里慌张从关外归来，冯子材碰上了，便安慰说："不要怕，在这里就安全了，小孩子也不要哭，快点长，长大了打鬼子！"

对于士兵作战，他是赏罚严明的。小青山上退下的贪生怕死之辈，一律砍头示众。而对于勇往直前的、不怕牺牲的，则加以表扬重奖。

这一天长墙保卫战虽然没有小青山紧张，但也十分激烈。法军一次次疯狂地进攻，都被冯子材的士兵给挡住了。长墙若失，全线即溃。冯子材激励他的士兵说："如果让法寇入关，我们有何面目去见两广父老。"

主帅的爱国热情，深深感染了广大士兵，他们奋不顾身，拼命抵抗，为第一天阻击敌人提供了可靠保障。

由于敌人众多，而萃军可调之兵甚少。冯子材不得不向就近的驻军求援。他给苏元春的部下陈嘉写了一个帖子请他来商量军事。当时陈嘉正在养伤，带领着几个营驻在凭祥。

陈嘉和部下商量，有人说："我们不是冯子材的部属，可以去也可以不去。"

陈嘉说："不去很不好，冯将军有调动全军之权，现

镇南关上的炮台

在他不是下命令来调我，而是写帖子来请我。这是很给面子的，怎能不去？"他连夜率领三个营赶到了隘口。

陈嘉赶到后，冯子材对他说："现在法国人占了东岭炮台，拦冈闸受到炮火威胁，我们一定要把它夺回来。但眼前我手下无兵可调，你有三营人，我再给你两营，你领队去攻东岭炮台，好不好？"

陈嘉满口答应，领着军队连夜开上了大青山和小青山。

这天深夜，冯子材主持召开了紧急会议。会上广西提督苏元春等产生畏敌情绪，他很委婉地对冯子材说："冯将军，现在我们枪弹不足，又无援兵可调，这样坚持下去，对我军恐怕不利，还是退守到镇南关里吧！"

苏元春戎装像

冯子材听了没有言语。苏元春以为冯子材同意了他的看法，又唆使冯子材的表弟董云高劝说，冯子材拔出指挥刀，喝道："你难道不知道这是军法重地吗？"吓得董元高慌忙退出。

在会上，冯子材心情激动地讲道："各位将士，我们今天如不好好杀退敌人，能对得起我们的祖国吗？能对得起广西的父老乡亲吗？镇南关一失，战场将转入我们国家境内，多少老百姓要流离失所，多少人要逃荒要饭？身为朝廷命官，我想大家都懂得杀身报国的含义。"

今日的小青山古寨

看到大家沉默不语，好像有了悔过之意，冯子材话锋一转，说道："现在我最要紧的任务是夺回小青山失去的山头，守住长墙，以逸待劳，见机出击。"

会上重申了战斗任务，严令冯子材的两个儿子死守住拦冈闸，由萃军主力挡住敌人中路，各军分布左右两路和后路接应，并相互约定不准退走，派兵卡路，截杀逃兵，无论何人，凡碰上逃兵都可以就地斩除。

第一天的激战，双方都有一定的伤亡。在拦冈闸前面，在小青山上，到处都是死尸。冯子材挑选敢死队员，

每人发一把大刀，用猪血涂身，连夜钻到死尸堆中去装死，准备第二天肉搏。

第二天黎明，法国兵发动了全面攻势。站在长墙上举目而视，满山遍野白茫茫一片，身着白色军装的法国兵像蚂蚁一样向前涌动。

这些法国兵每走到死尸堆附近时，也有点儿害怕，警惕性很高。有些人用枪托敲一敲死者的脑袋，见不动弹才敢前进。偶尔敲到装死的萃军身上，萃军吓得大气也不敢出，任他们敲打。等到他们走过去以后，这批伪装死尸的敢死队员，突然间都跳了起来，操起身上的钢刀从后面向法国兵杀了过来。

镇南关大捷

　　法国人哪见过这阵势，一个个刚才还是死挺挺的，一转眼怎么都活了过来？况且这些敢死队员浑身是血，手持大刀寒光闪闪，更令他们惊恐异常。他们早就听说中国有鬼，以为真是鬼来了，吓得魂不附体，很多人真成了敢死队的刀下之鬼。

　　这一天法国兵集中兵力进攻中路，妄图推倒长墙，扫除障碍。冯子材和苏元春分别在长墙两边的山头上督战，敌人用望远镜看见上空帅旗招展，就集中大炮来攻打这两个山头。

　　一时间，花炮遍地爆炸，阵地上一片火海，硝烟弥漫，苏元春又怕又急，吓得脸色蜡黄。苏元春又派他的部将董云高——冯子材的表弟过来求情，请求退兵。

　　董云高吃过苦头，不敢贸然说出他的意图，便含蓄地对冯子材说："苏提督请问冯将军，这里很难守下

冯子材当年使用过的火炮

去，能不能退到凭祥再战呢？"

冯子材正色道："这里筑有一条拦冈闸，有险可守，有障可据，退到凭祥靠什么来守呢？我们的大刀还没有派上用场，怎么就可撤退呢？这仗如果打败了，会震动两广，还有什么脸面去见父老乡亲？你转告苏提督，你们年轻，前途无量，要退就偷偷地走，不要动摇了军心，我老了不中用，死也要和士兵死在这条墙上。"

董云高一听哪里还敢说什么，又灰溜溜地回去老老实实地打仗去了。

蒙大在一边听了，很受感动，说："冯将军实在是一位难得的硬汉子，如果早日至关，哪会有今日的艰难。"

冯子材身为主帅，拖着年迈的身体，在拦冈闸上和士兵一块坚守阵地，实在累了就躺在为他设置的马扎（一种简易的躺椅）上，休息一会儿。他要亲观全局，根据敌情变化，及时下达应变的命令。

敌人集中火力轰击他所在的山头，炮弹不时在他身边爆炸，他临危不惧。他对部下说："军人怕炮弹，还像军人吗？"在他的影响下，部下很多解除了畏敌情绪。

有一次，一颗炮弹爆炸，将他从马扎上翻了下来。他的侄子冯兆金、冯绍珠见他年事已高，若有闪失，事关全局。他们便请求冯子材不要总是待在炮弹出没的地方。

"伯父，您老身为三军主帅，应以大局为重，顾及自己身体，三军不可一日无帅啊！"他们哥俩劝道："炮弹那东西又不长眼睛，若有个三长两短……"

没等他们说完，冯子材就火了："怕炮弹还打什么仗？我是宁死不退的，谁说退就是动摇军心。"

正是冯子材这种不怕牺牲的精神，使他的士兵深受感动。面对法军的强大火力，没有一个人后退。

当敌人炮火特别密集时，冯子材就让大家躲在壕堑里，不要做无用的牺牲。有个姓黄的钦州人，受冯子材

的感染，他不顾生死，爬到墙上去点大炮。"轰——"地一声，成群的敌人倒了下去。

这事情恰好让在指挥台上的冯子材看见了，大声叫道："打得好！打得太好了！"一面派人赏他50两银子。

冯子材的抗法斗争，也深深赢得了当地群众的支持。战斗正酣时，当地老百姓有的送饭送水上前线，有几个村的村民自动组织起来，拿起斧头砍刀，加入萃军之中。

群众的参加极大地鼓舞了广大官兵的斗志，大家都横下一条心：人存墙存，墙失人亡。

到中午时，小青山已落入了法国军队手中。他们转而全力以赴攻打长墙。

法国兵在指挥官的令旗指挥下，列队前进。指挥官

镇南关炮台

旗指向东，所有的枪都打向东，指向西，所有的枪都朝西打。排枪打来，枪弹十分密集。

敌人还采用轮流冲锋的战术。他们把士兵分成两组，第一组打枪前进，第二组跪倒装弹；然后第二组开枪前进，第一组又跪倒装弹……敌人循环往复，步步逼近了长墙，长墙危在旦夕！

除了肉搏已别无选择，只有肉搏才是守住阵地的唯一办法。

敌人的大炮仍然在狂吼，敌人的长枪喷出密集的火苗……

"勇士们！乡亲们！成败在此一举，我们为国尽忠的时候到来了。我们要誓死与长墙共存亡，誓死与法国人血战到底！"冯子材爬上长墙，振臂高呼。

冯子材令蒙大做先锋，率领士兵先锋煲投向敌群。霎时间敌人队伍中烟雾四起，枪炮失去了目标。

"勇士们，跟我冲啊！"冯子材率先跳下长墙，迎着枪林弹雨直冲敌群。

"冲啊！杀啊！"冯子材的军队紧随其后，喊杀声震耳欲聋。

其他各路军见中路军出关，也纷纷行动起来。埋伏在山脚下、村舍里、山林里的士兵也闻声而起。刹那间，法国军队陷于重围之中，喊杀声四起。

冯子材进入法军之中，和两个儿子联合一起，三把钢刀像三个旋转的车轮，上下翻飞，只见刀光闪闪，刀落处，红光一片，人头落地。冯子材真是老当益壮，好像年轻了许多，闪跳腾挪，步法敏捷，真如天神降世一般。

再看萃军，没有一个人怕死，也是玩了命了。人人大刀阔斧，个个奋勇当先。青龙刀、钢刀、长矛、斧头、砍刀……兵器五花八门，但目标却同指一个方向，杀败法国鬼子，守住祖国大门。

法国人仗着武器精良，洋枪洋炮，也不甘示弱。但近身的肉搏，他们却没有多少便宜可占。

一时间，杀得天昏地暗，血肉横飞。一方越战越勇，杀得痛快淋漓；一方则步步败退，无力应战。

这场大肉搏战，从中午杀到傍晚，实是有史罕见。法国人更没见过这种阵式，枪炮在战场上竟然没有了用武之地，子弹还没装上，大刀就砍了下来，忙用枪往外架刀，却挡不住刀的锋利，不用几次，脑袋便被割了下来。实在是惊心动魄。

漫山遍野都是混战的人群，漫山遍野都是喊杀声。枪炮声渐渐听不到了，法国人已溃退，清兵乘胜追杀，挥舞着大刀，如同砍瓜切菜一般，血光四溅，尸体遍地。

镇南关决战冯军胜利已成定局，法国兵四散逃窜，

被埋伏在外围的冯军截住，又是一阵砍杀。扭头一看，后面冯子材的主力部队追将过来了，真是前后受挤，走投无路，退到路边的泥田里，处在各路军围困之中，败得更惨。

大战已接近尾声，只有小青山的敌人还负隅顽抗。陈嘉正率众抢攻，他非常勇敢，亲自带兵冲锋，身上弹痕累累，仍不后退。

小青山战斗十分艰苦，扛旗的先锋被打死了四五个。刚巧有个伙计送饭到前线，见旗手一个一个都牺牲了，就冲上前去，扛起大旗往山上冲。子弹在他身边呼啸，他毫不畏惧，身上中了几弹，仍咬着牙冲到了山顶。其

镇南关大捷中缴获的法军军服和护腿

陈勇烈祠位于龙州镇南门街，又名"追忠祠"，是为纪念在中法战争中牺牲的名将陈嘉而建的祭祀专祠。

他兵见旗手上去了，紧随其后，蜂拥而上。

小青山上的敌人见山下的鬼子已被打得落花流水，毫无斗志。看到陈嘉的队伍又上来了，哪还有心作战，仓皇逃走。陈嘉率兵乘胜追杀，这群法国兵只恨爹妈只生了两条腿。

陈嘉真算得上这一战中最英勇的一位将领。

陈嘉17岁时投军，英勇善战，战功显赫。镇南关大战中，他身先士卒，奋不顾身，在历次战斗中积累伤病

无数，伤痛日重，苏元春强迫他回谅山治伤，可是一旦有敌情，他仍要士兵用竹轿抬到前线指挥。苏元春、李秉衡等要他回龙州医治，为防务事，陈不肯离营就医。后经苏元春屡次发函催促，才回龙州治疗。当时陈嘉遍体伤痕，如刀刻画，于各处伤口取出碎骨一碗有余，未拔出的铅弹尚有十多颗，加上在历次战斗中流血过多，已无力回天。重病期间，部下将士来探视，陈嘉仍念念不忘营中事。

因伤重不治，陈嘉1885年死于龙州。陈嘉生前获赏穿黄马褂，死后，清廷赐谥勇烈，国史馆立传，苏元春奉旨择址并亲自督工修建其祠。

小青山上退下来的敌人又迎头碰上了蒙大的军队。蒙大的兵当时埋伏在树林里，看见这群慌不择路的法国兵向他们靠近了，便点着麻油瓶扔了过去，顿时浓烟升腾，敌人已看不清方向。

蒙大率兵乘着敌人混乱，又冲上前去砍杀一通。

第二天的作战虽然萃军也有伤亡，但基本上消灭了法军主力，镇南关决战可以说大获全胜，下面将进行全面反攻。

3月25日，冯子材发出总攻击命令，各路军冲向镇南关外法军的营盘。法军惊恐万状，兵败如山倒，继续溃退。

描绘边关百姓踊跃参战的漫画

镇南关大捷后，阵亡的清军将士就葬于右辅山山麓。至清1898年清明节，凭祥州官及商民等，又收集散葬在附近一带的阵亡者遗骨集葬于此，并立碑文为"大清国万人坟"。

这一天，当地老百姓也踊跃参加，可以说全民皆兵，许多百姓自动拿起刀枪参加战斗，远在凭祥的百姓听到枪炮声，也马上扎起腰带，拿起大刀长矛，跑到镇南关前参战，四处跟随军队冲锋陷阵。法国兵如过街之鼠，处处挨打。战后冯子材下令搜山时，群众也蜂拥而上，翻山越岭，搜索密林，巡捕法军。

这是非常值得一提的一幕，在这次战争中，凭祥百姓为军队缝衣做饭，冒着枪林弹雨为将士们送茶送饭，保证了将士们昼夜连续作战而不受饥渴威胁。清军在小青山上与法军激烈战斗，伤亡很大，在小青山山脚下的板埠村百姓，冒着炮火抬担架、爬上山抢救伤员。

为保证前线作战将士生活用品的供应，不少百姓还特意到南宁买来针线、酒肉等货物，挑到军队的驻扎地。有的百姓还专门杀猪、做豆腐供应军队。军队打到哪里，他们就跟到哪里，从关前隘一直跟到越南谅山。

战后的关前隘，尸横遍野，清军阵亡的不下千人，大多为附近村民自发前去掩埋。

冯子材看到这一切，内心既兴奋又感动，说："无论士兵、百姓，杀一个法国兵奖银十两，捉住的将官越大给银越多。"

冯子材对勇敢作战、努力杀敌的人大加赞赏，进行

万人坟

奖励。同时，对那些逃兵散勇、违反纪律者进行严肃处理。

由于赏罚严明，调动了广大群众的积极性。逃散的法国兵，可以说是无处可藏、无处可逃。有的躲在岩洞里，被附近的农民发现了，回家拿菜刀就把他解决了；有的为了逃避追杀，躺在泥田里装死，也被人扭断了脖子。

战后，法国兵仍心有余悸地回忆说："在我们的脚下，敌人从地上的一切缝隙里钻出来，手持短刀，开始了可怕的混战。他们

中国军队镇南关关前隘大捷

的人数比我们的多十倍、二十倍，所有的军官和士兵都被围住或被俘虏"，"中国军的号筒，愤怒地响起'前进'的命令，从所有的堡垒，从所有的天边各处，烟云一般的敌人展开旗帜冲来，发出似乎把枪炮声都盖住的喊杀声"。（郑彭年：《甲申甲午风云》）

这真是法国兵的噩梦。经过这两天的激战，法军全线崩溃，狼狈逃出镇南关，退到文渊。镇南关一役，清军取得大胜，共击毙法军精锐上千人，缴获枪支弹药不计其数。法国人在战后也不得不承认，自他们入侵中国以来，"从

未受此大创"。

"门户重建强盗溃，残兵几许片甲还"！法寇除了尼格里等一众大小头目靠卫队保护突围逃回文渊之外，其余非死则降或擒，全被萃军剿灭。镇南关大决战取得了辉煌的胜利。

我军民用铁血再度验证了立于关前的誓言："我们将用法寇的头颅重建我们的门户！"成就了威名中外、震动古今的镇南关大捷！

年近七十岁的冯子材将军，持刀沙场，带兵杀敌，立下了赫赫战功。镇南关一役，击毙法国高级军官数十名，士兵上千人，缴获枪炮不计其数，是中法战争史上空前的胜利。

友谊关碑记

镇南关——谅山大捷是中法战争最后的一次大战役，我方以全胜告终，用铁血国魂惊天逆转了中法战局。这是民族国家军魂的传承，曾认为"中国不可一日无湖南，湖南不可一日无左宗棠"，而左大帅一病不起，难道就任由国将不国吗？如今冯子材敢当天下兴亡，接过左帅的重担，不但镇住南关，镇住法寇，还振奋起中华民族数千年的神勇军魂；面对枪炮不可力敌，却能智取！用我刀剑之长攻敌枪炮之短，阵斩匪首贼寇，大壮军威！兵民一心，中越联盟，友谊情义于战场上血浓于水，使我众敌寡，继而全面反攻；敌人一溃千里，一败涂地；我方从"逢洋不胜"到"大破洋贼"，真正从心理上、军事上用正义的热血国魂摧毁了敌人侵略的攻防体系，这不仅仅是一将一帅之胜，这是中华军民联手的惊天逆转，智勇决胜！

冯子材在镇南关战役和以后的各次战役中取得的胜利，不是偶然的。

镇南关战役之所以胜利，首先在于这次反侵略的战斗得到了中越两国人民的同情与支持。从1883年7月越法第一次《顺化条约》签订之后，越南人民纷纷奋起反抗。南定、山西、兴化、北宁、海阳各省起义人民有数百人到数千人不等，他们不时袭扰敌人，搅得敌人很不安生。法国殖民者残酷剥削压迫越南人民，如抽取人头

税、大肆焚烧、抢夺，引起越南人民强烈不满。他们时刻在等待机会驱逐侵略者。同时，中国在马尾海战遭到惨败后，全国人民对侵略者的残暴和清政府的腐败无能愤怒到了极点，因此，中越两国人民支持对法作战。在镇南关战役进入紧张阶段的时候，人民群众纷纷前来助战。当克复谅山以后，越官北宁总督黄廷经，集结各路义民两万多人，建成"忠义五大团"，用冯子材军的旗号，自愿支军助剿，或分道进攻法军。越南北部人民起义领袖李扬才的弟弟表示，等到冯子材的军队一攻占郎甲，他就宰众内应。河内、汤扬、太原等地也都密约受信，纷纷响应，甚至西贡也约定内应。在镇南关大捷影

《清史稿·冯子材列传》

响下，越南各地人民起义迅速发展起来，为反抗法国侵略者的殖民统治而斗争。

其次，镇南关战役之所以胜利，是由于冯子材的战术正确。冯子材经过精心准备，扭转了被动挨打的局面，争取主动向敌人进攻，诱敌至预先布置好阵地决战，不打无准备、无把握之仗。在强占扣波这一军事据点时也体现了这一战术。本来，在镇南关外有3个重要军事地点，这就是南边的文渊州，东边的油隘和西边的扣波。当时，法军已占领了文渊州，并把它作为进攻镇南关的根据地；油隘是由王德榜军驻军，这支军队在镇南关战役中起了很大作用，有效地歼灭了法国侵略者的援军；剩下的扣波这个重要的军事据点，就成为两军的必争之地了。冯子材预先识破了法军攻取扣波，从而截断滇桂两军往来通路的计划，便抢先派兵进驻扣波，把进攻扣波的法军打回了文渊州。抢占了扣波是争取镇南关大捷的必要条件。

第三，镇南关战役的胜利是和冯子材的军事指挥才能分不开的，他调动有方，能合理地进行军事部署，合理地调度兵力，使他所部署的兵力形成一道坚固的防线。冯子材治军严整，军令如山，对临阵脱逃者、涣散军心者决不手软，因为兵败如山倒。将士们没有退路，与长墙共存亡，这样就能奋勇杀敌。冯子材身先士卒，镇定

自若，在最危急的时刻，他敢于挺身而出，同敌人血战，这对将士具有巨大的鼓舞作用，因而全体将士在与敌人的肉搏战中才能表现出英勇无畏的战斗精神。

镇南关大捷具有重要意义，它沉重地打击了敌人，扭转了战局；显示了中华民族的伟大力量，法国侵略者所鼓吹的"中国万不敢战，四千人可扰七省"的论调彻底破灭了。诚然，中国武器不如法国、技术不如法国、海军不如法国，但这不能说明法国侵略军就是不可战胜的，事实恰恰相反，貌似强大的法国侵略者，不堪一击；英勇的中华民族，取得了关键性的胜利。

冯子材塑像

乘胜追击　全线胜利

镇南关大捷，打击了外国侵略者的嚣张气焰，振奋了军心，稳定了民心。当地老百姓兴高采烈，杀猪宰羊，犒赏三军，欢庆胜利。

冯子材老将军心里当然也十分高兴，但想到逃到文渊城的敌人可能还会骚扰，就召集众将领开会说："今天我们打败了法国人，是件大好事。但一旦我们撤兵以后，逃到文渊城的鬼子又回来了那该怎么办？"

众将领听了，如梦方醒。他们以为杀退敌人就万事大吉了，都佩服冯子材想得全面周到。冯子材顿了一会儿，接着说："我们要斩草除根，免除后患，造福边关人民，乘胜追击。"

于是，冯子材率领各路大军马不停蹄，乘胜追击，一路上，斩将夺关，取得了节节胜利。3月26日，冯子材亲率10营攻打文渊州，法军望风而逃，撤到谅山，聚

集到谅山的法军有4 500人左右。冯子材为了不给溃散法军以喘息的机会，决定乘胜出击。

法军前线司令尼格里企图坚守谅山，等待援兵到达后再犯镇南关。冯子材鉴于谅山是越南北部的军事要地，如果不先把它攻取下来，以后就很难再攻取了。法军连吃败仗，心胆已寒。他认为"与其明攻多损士卒，不如暗取更易见功"。他和苏元春等人商议，"以正兵明攻驱驴，出奇兵暗取谅山"。冯子材派杨瑞山宰部星夜渡过淇讧，于第二天黄昏后潜至谅山，散伏在城外各处。

3月28日，冯子材、苏元春、王德榜、王孝棋各部先后向前推进，兵分三路逼近驱驴：冯子材、苏元春率主力进攻正面；王孝棋部和冯子材一部进攻西面；王德榜部进攻东面。法军倚伏驱驴北面高地有坚固工事，负隅顽抗。尼格里鉴于右翼和正面阵地工事坚固，而东面地形较难防守，决定由中校爱尔明宰军一部，向东面的王德榜部发起攻击，王德榜部士卒多人受伤。29日下午，冯子材、苏元春两军乘

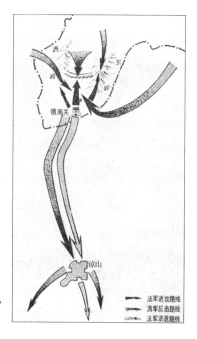

镇南关大捷示意图

谅山大捷

法军调动兵力，正面防御力量减弱之机，再次发起猛攻。激战中，尼格里胸部中弹受重伤，接替他指挥的爱尔明加下令部队向淇江南岸撤退，谅山守敌见这么多法兵败退下来，慌乱中砍断浮桥，自家人断自家路，致使一些法军在溃逃中落水溺死。随后，法军退入谅山，并立即准备分兵两路向南撤退。

在法军撤退时，清军主力徒涉淇江，向谅山进逼。在此之前，埋伏在谅山城外的杨瑞山部乘法军在拂晓熟睡之机，突然发起攻击，法军仓皇应战，乱作一团。杨瑞山"督率各营员弁、勇丁、蚁附而上，劈开城门、兵刀交下"。法军遭到重创，死伤累累，残部向南岸窜。清

军乘胜追击，在山谷中俘获不少敌人。

清军在克复谅山的战斗中，毙伤法军近千人，缴获大量军械物资，仅杨瑞山部就缴获法军大小火炮三十余门。攻克谅山后，冯子材又率大军接连光复谷松、威坡、长庆、船头等地。

在攻克谅山的作战中，法军的贪生怕死也得到了充分表现。以爱尔明加为首的一个旅的法军在败逃时，把13万银元和无数袋面粉扔到河里，大量作战物资披丢在原地，"在这个旅部队伍出发的时候，还留下180至200罐的烧酒全打破了，又有200袋大米、谷物和食盐，先戳穿了，然后混合起来，践踏完事"。为了逃得更快，"他命令烧毁文件、档案，破坏电信机器。总是像在谅山一样，为着不拉长纵队，为着可以逃得快一点，为着多些苦力抬伤员，他命令抛弃回光通信机——用手枪打碎这机的外镜，并抛弃军官们的行李和堆积在屯梅的粮食和所有的军实物资"。

与此同时，身负重伤的尼格里不堪一连串的战败打击，不久便一命呜呼了。

而这时，法国的内政也起了大变化。法军在镇南关和谅山惨败的消息传到巴黎，镇南关大捷的消息像一颗重型炮弹投入侵略者的心脏，立刻在法国统治集团内部引起了巨大的震动。议会大厅里，惊慌失措的议员们哀声四起，他们做梦也没想到手执长矛大刀的中国军队，竟能把用洋枪洋炮武装起来的法军打得一败涂地。法国

友谊关内保存至今的法式建筑

茹费理像

报刊上的有关文章，甚至把法军在镇南关的溃退，比做1815年拿破仑在滑铁卢的失败，预感到了法国在远东殖民统治末日的来临。此战引起法国政局的极大震动。好战的茹费理内阁在国内本来就不得人心，法军在越南战场上的失败更是火上浇油，成了压死骆驼的最后一根稻草。

失败的消息加剧了法国人民对茹费理内阁的不满，巴黎人民纷纷走上街头，高呼打倒茹费理的口号，要求茹费理立刻下台，"即使巴黎闹成革命"。法国的反对党也乘机猛烈抨击茹费理"是国家的蟊贼"，让茹费理赶紧收拾铺盖滚蛋。3月31日晚，在一片责骂声中，茹费理内阁惶惶然如丧家之犬，轰然倒台。

几乎在镇南关大捷的同时，西线战场上也取得了重大胜利，当时法军将近六千人前来攻打临洮城，守城的黑旗军依托工事，布下地雷阵顽强抵抗，最后和来援的清军内外夹击，在临洮大败法军，杀敌上千，取得临洮大捷。紧接着，清军和黑旗军又乘胜收复了广威府、黄冈屯、老社等十几个州县。

在整个中法战争期间，无论东南沿海闽台战场，还是越南战场上的东线，清军都有不同程度的溃败。只有西线滇军在岑毓英的指挥下，无论进退，都保持战场上的主动。岑毓英（1829—1889），广西西林人。字颜卿，号匡国。1873年兼署云贵总督。1879年为贵州巡抚。1883年任云贵总督。次年参加中法战争。冯子材组织镇南关——谅山反击战，使人们信服地承认他是一个抗法的民族英雄。岑毓英两次出关，组织宣光攻城战，取得临洮胜利，这些事迹也可与东线的冯子材胜利相媲美。

岑毓英像

不败而败　含恨班师

　　至此，越南北部战场的敌我形势已经全然改观，胜利的天平开始倒向了清军一边。在这大好形势下，冯子材决定亲率东线全军进攻北宁、河内，将法国侵略军彻底赶出越南北部地区。

　　但正当冯子材联合各路清军将领，准备分兵南下收复河内、太原的时候，1885年4月7日，清政府却突然下达了"乘胜即收"、停战撤兵的命令。命令来得太突然了，很多清军将士接令后，气得捶胸顿足，"拔剑刺地，恨恨连声"。许多士兵甚至跑到将帅帐外，写血书，立军令状，"摩拳擦掌，同声请战"，"战如不胜，甘从军法"。冯子材、王德榜等将领在大胜之下，也不想轻易放弃扩大战果的机会，便联合起来致电上司两广总督张之洞，要求代奏清廷，诛杀议和之人，以振士气。

当时人写诗讽刺清廷说："十二金牌事，于今复见之。黄龙将痛饮，花目忽生期"，十二金牌就是当年南宋朝廷令岳飞从朱仙镇退兵的金牌诏故事。连清政府派赴广东会筹防务的彭玉麟也愤愤然的赋诗一首："电飞宰相和戎惯，雷厉班师撤战回。不使黄龙成痛饮，古今一辙使人哀。"

停战的诏书下发后，冯子材一再愤而请战，但都不被批准，他只得含恨班师回国。撤军的那一天，越南人民夹道啼哭送行，冯子材也挥泪如雨，不能自已。入关到龙州，军民一起跪拜迎接，长达 30 里，景况空前。冯子材被迫遵旨撤军后：彭玉麟只能叹道，"老臣抗疏千行泪，一夜悲歌白发生！"

冯子材墓前日夜守护将军的石雕

而撤军这一事件究其原因，是因为当时掌权的慈禧太后主张"乘胜即收"：虽

慈禧像

然镇南关大捷扭转了整个战局，使整个中法战争的形势对中国有利；但是，在清朝政府"乘胜即收"的政策之下，镇南关的胜利不仅没有成为援越抗法的新起点，反而成了清政府作为向侵略者求和的资本，"主和派"又抬起头来，极力主张妥协议和。

其实在整个中法战争过程中，始终是"边打边谈"，1884年8月26日，清政府对法宣战以后，法国侵略者软硬兼施，采取边打边拉的手段，同时在台湾制造紧张局势，不时叫嚣要添加战船，扩大在台湾的侵略活动。清政府也担心战争长期打下去会激起"兵变""民变"，也希望能与法国妥协。法国侵略者一方面加强军事压力，一次又一次地增派援军和增加军费；一方面又不断提出一些代替赔款的办法来诱和，按照"主和派"李鸿章等人的看法，中国完全可以接受这些条件来求和；慈禧太后也下了断然的命令，在任何条件下都应当议和。

与此同时，法国也不断通过外交渠道进行诱和，英、美、德等国为了各自的利益，一直在忙于"调停"活动。英、美、德、俄等列强为了各自的利益，也都打着"调停"的旗号，压迫清政府尽快向法国妥协。在中法交涉中，德国宰相俾斯麦始终支持和帮助茹费理。美国为扩大在中国的经济利益和政治影响，曾几次通过驻华公使杨约翰煽动总理衙门及早结束战争。沙俄也怕自己的盟友法国在战争中被削弱，致使它在欧洲失去牵制德国的力量，一直伺机压迫中国尽快与法国议和。英国是当时在中国拥有最大经济利益的国家，它怕战争的延长和扩

总理衙门，是清政府主管外交、通商及其他洋务事宜的中央机构。

万壑千崖图
清·王翚

大影响它在中国的既得经济利益，也怕中国抗法胜利会鼓舞中国人民反侵略的斗志，所以竭力充当"调停"带头人。英国外交大臣格兰维尔传达法国的两项议和条件，一是全部答应《中法简明条约》的几项内容，二是法国永远占据台北。而这两项条件，也使得清政府十分为难，"议和"进程陷入僵局。

正当议和难以进展的时候，出乎意料地传来了镇南关大捷的消息，战场形势的剧变，使中国在军事上和外交上都处于有利地位。但李鸿章等人却把它当作向侵略者寻求妥协谈判的好机会，建议清政府立即与法国缔结和约。

李鸿章致电总理衙门说："谅山已复，若此时乘心与和，和款可无大损，否则兵又连矣。"这种不合道理、违反常规的事情甚至使法国侵略者都感到不可理解。茹费理简直不能想象，中国在军事上胜利以后，西太后可以"不管她的英勇的部队在帝国边境上所获得的胜利，而只是想起给她带到家里来的不愉快的庞大的战争消费，只是想起那些使她自己不舒服的事情。因此，她从来就没有想到要撤回条约，而是比过去更加急迫地要立刻签订和批准这个条约"。

　　在此情况下，1885年6月9日，李鸿章与法国公使巴德诺在天津签订了《中法会订越南条约》，即《中法新

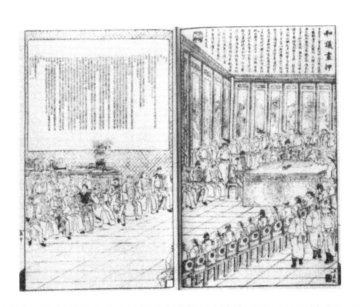

大捷之后签订条约
　　镇南关大捷后，1885年4月，清政府代表与法国代表在天津签订《会订越南条约》，又称《中法新约》。

约》条约共十款，要点如下：

一、边界毗连各地，中法两国自行弭乱，安抚匪党流民，设法解散。法兵永不过北圻，中国亦不派兵赴北圻。

二、中国承认法国与越南所订的一切新约。

三、6个月后裁定北圻界务。

四、法人欲过界入中国，应由法请华官给护，华人由中国入北圻准此。

弄平炮台，位于广西与越南交界处的那坡县。中法战争后，中越边界的形势发生了根本变化，越南沦为法国的殖民地，这一代边境形势不容乐观，在此情况下，此处修建了这一炮台。

五、保胜以上谅山以北应指定通商二处，法商均可居住。中国可设关收税，中法均得设领事馆。

六、法国所运货物进出云南、广西边界，应纳各税，照现在通商税则减轻。

七、中国将来建筑铁路时，可雇佣法国工程师，应

与法国商办。

八、约定后法兵即撤退基隆和澎湖的驻军。

这个条约的签订，使得越南与中国的藩属关系完全断绝，正式成为法国的保护国。中国开放广西、云南门户，使法国侵略者多年的通商愿望得以实现。1886年4月25日《中法越南边界通商章程》在天津签字，1887年6月26日，《中法界务专条》和《中法续议商务专条》在北京签字。

通过这一系列的不平等条约，中国西南边疆的门户被打开了，法国侵略者得到了他们想要得到的一切利益和特权。而中国所得到的，只不过是"必不致有碍中国威望体面"的虚文。这个条约的签订，标志着中法战争以"法国不胜而胜，中国不败而败"的局面告终。中国在军事胜利的情况下仍作出如此巨大妥协让步，甚至连法国当局都认为"简直不能想象"。

抗法美名　百世流芳

　　镇南关大捷威震中外，冯子材的美名也随之传扬开来。诗人黄遵宪于光绪十一年（1885）写下了一首《冯将军歌》，来赞颂冯老将军的英雄业绩：

　　　　冯将军，英名天下闻。

　　　　将军少小能杀贼，一出旌旗云变色。

　　　　江南十载战功高，黄褂色映花翎飘。

　　　　中原荡清更无事，每日摩挲腰下刀。

　　　　何物岛夷横割地，更索黄金要岁币。

　　　　北门管钥赖将军，虎节重臣亲拜疏。

　　　　将军剑光方出匣，将军谤书忽盈箧。

　　　　将军鲁莽不好谋，小敌虽勇大敌怯。

　　　　将军气涌高于山，看我长驱出玉关。

　　　　平生蓄养敢死士，不斩楼兰今不还！

手执蛇矛长丈八，谈笑欲吸匈奴血。

左右横排断后刀，有进无退退则杀。

奋梃大呼从如云，同拼一死随将军。

将军报国期死君，我辈忍孤将军恩！

将军威严若天神，将军有命敢不遵。

负将军者诛及身！

将军一叱人马惊，从而往者五千人。

五千人马排墙进，绵绵延延相击应。

轰雷巨炮欲发声，既戟交胸刀在颈。

敌军披靡鼓声死，万头窜窜纷如蚁。

冯子材墓

十荡十决无当前，一日横驰三百里。

吁嗟乎！马江一败军心慑，龙州蹙地贼氛压。

闪闪龙旗天上翻，道咸以来无此捷。

得如将军十数人，制梃能挞虎狼秦，能兴

灭国柔强邻，呜呼安得如将军！

在这首诗中，诗人以散文笔法，全篇十六次迭用

"将军"二字，塑造了冯子材这位身经百战、英勇无敌的

老将形象，歌颂了他抗击法国侵略者的功绩。诗末表现了希望有将才继起、抗御外侮的爱国主义思想。

中法战争结束后，冯子材奉旨督办广东钦廉（今属广西）防务。旋获太子少保衔，三等轻车都尉世职。之后，冯子材奉命到海南岛镇压黎民起事，同时为当地经济、文化开发事业

落木清泉图　清·王时敏

1885年4月17日，清政府与日本签订了《马关条约》。

做了不少好事，被补授云南提督，旋赏兵部尚书衔，继续留办粤防。

甲午战争爆发后，冯子材请缨北上抗日，获准赴江南办防。途中闻《马关条约》签署，中国赔款失地，悲愤中电请北上决战，未果。1896年，中英片马争界交涉事起，冯子材奉命赴云南提督任，争回片马，稳定了云南局势。1901年，冯子材遭人暗算，被调离云南，改任贵州提督，他愤而告假，随之开缺。

1903年，钦廉一带会党蜂起，两广总督岑春煊又想到了冯子材。年已86岁的冯子材又起身田间，会办广西军务兼顾广东钦廉防务。夏间行军，途中中暑，牵引旧伤，在南宁行辕辞世，令人扼腕。

冯子材逝后葬于钦州市东，1905年建墓，该墓有四个组成部分：一为碑亭。该亭建于清光绪三十三年（1907），亭内竖立冯子材神道碑，碑高两米多。碑文是："大清诰禄大夫建威将军太子少保尚书衔贵州提督世袭轻车都尉加一云骑尉冯勇毅公神道"。碑文四周刻有九龙戏珠衬以暗八仙图案，碑座为石制"赑首龟趺"。原亭早年坍塌，1981年，自治区文物处拨款重建。二为墓前300米处的"敕建"牌坊。牌坊为三间四柱，高5米，宽6.5米，由花岗石雕琢组成，今无存。三为牌坊西侧的六角亭。亭内立有林绳武撰《冯勇毅公神道碑》，叙冯子材生平及镇南关大捷事，今无存。四为主墓。主墓坐北向南，占地约1 200平方米，墓碑设抱框，框顶为长2米、宽50厘米的大理石圆柱式屋檐状，碑前有一对精盘龙石柱。

冯子材墓前有碑刻、石人、石马、石牌坊，规模宏大。

冯子材墓前的石马

墓前三级拜台十分宽阔（共24平方米），左右分列文仁、武将及狮、虎、马等石雕各一对。拜台前横列狮头石柱八条，四长四短，皆刻有对联。长联为：秉钺佐中兴赐谥建祠功媲凌烟光国史，捧珠绵后福相形卜兆秀迎那雾峙朝峰。短联为：万里干城一方砥柱，寸心金石百世馨香。

著名诗人田汉1962年拜谒位于钦州的冯子材墓后挥毫写道：

泥桥岭畔古城东,

且驻征军吊萃翁。

松啸如闻嘶战马,

花香端合献英雄。

扶妖江左成遗憾,

抗法南关有大功。

近百年来多痛史,

论人不应失刘冯。

"萃翁"即指冯子材,"刘冯"指刘永福和冯子材两

从冯子材坟墓背顶看全墓

今日的友谊关口岸

位钦州籍抗法名将。诗中既为冯子材"扶妖江左"（为清政府镇压太平天国农民起义）感到遗憾，又讴歌了冯子材在镇南关保家卫国创下的光辉业绩，并将他上升为近代中国人民反侵略的英雄，是恰如其分的。

在中国近代，遭遇到列强的疯狂侵略，由于历史的局限性，落后的中国政府、军队和人民几乎逢战必败，没有还手和招架之力。而老将冯子材指挥取得的镇南关大捷，是近代中国人民反对外国侵略所取得的为数不多的辉煌胜利。老将军冯子材抗法斗争的英雄事迹，必将千古传颂；冯子材的英名，也必定万古流芳。